BEI GRIN MACHT SICH IHR WISSEN BEZAHLT

- Wir veröffentlichen Ihre Hausarbeit, Bachelor- und Masterarbeit

- Ihr eigenes eBook und Buch - weltweit in allen wichtigen Shops

- Verdienen Sie an jedem Verkauf

Jetzt bei www.GRIN.com hochladen und kostenlos publizieren

Robert Paetsch

Global Governance - Menschenrechtsschutz in den Vereinten Nationen

GRIN Verlag

Bibliografische Information der Deutschen Nationalbibliothek:

Die Deutsche Bibliothek verzeichnet diese Publikation in der Deutschen National-
bibliografie; detaillierte bibliografische Daten sind im Internet über http://dnb.d-
nb.de/ abrufbar.

Impressum:

Copyright © 2010 GRIN Verlag GmbH
Druck und Bindung: Books on Demand GmbH, Norderstedt Germany
ISBN: 978-3-640-71808-5

Dieses Buch bei GRIN:

http://www.grin.com/de/e-book/158546/global-governance-menschenrechtsschutz-
in-den-vereinten-nationen

GRIN - Your knowledge has value

Der GRIN Verlag publiziert seit 1998 wissenschaftliche Arbeiten von Studenten, Hochschullehrern und anderen Akademikern als eBook und gedrucktes Buch. Die Verlagswebsite www.grin.com ist die ideale Plattform zur Veröffentlichung von Hausarbeiten, Abschlussarbeiten, wissenschaftlichen Aufsätzen, Dissertationen und Fachbüchern.

Besuchen Sie uns im Internet:

http://www.grin.com/

http://www.facebook.com/grincom

http://www.twitter.com/grin_com

Inhaltsverzeichnis

Abbildungsverzeichnis

1 Einleitung

In einer sich durch Globalisierung verändernden Welt ist es unerlässlich geworden Strukturen zu schaffen, welche die internationale Zusammenarbeit der Nationalstaaten fördert und unterstützt. Im Rahmen eines ‚Global Governance' haben sich eine Reihe von Institutionen und Organisationen entwickelt, deren Hauptaufgabe es ist allgemeingültige internationale Prinzipien, Normen und Regeln (‚internationale Regime')[1] zu überwachen und durchzusetzen. Um diese Zusammenhänge zu veranschaulichen, soll in dieser Arbeit der Menschenrechtsschutz im System der Vereinten Nationen untersucht werden. Dabei soll ein besonderes Augenmerk auf dem Recht für Bildung und dem Instrument der Sonderberichterstatter liegen, um abschließend die Wirksamkeit von Menschrechtskonventionen und ihre Durchsetzungsmechanismen zu beurteilen.

2 Menschenrechtsschutz im System der Vereinten Nationen

2.1 Entstehungsgeschichte

Erste Bemühungen zum Schutz der Menschenrechte unter Aufsicht einer internationalen Organisation lassen sich auf die Folgen des Ersten Weltkrieges und die Pariser Friedenskonferenz von 1919 zurückführen. Auch, wenn die Charta des aus der Konferenz resultierenden Völkerbundes keine konkreten programmatischen Punkte zum Schutz von Menschenrechten aufweist, so lassen sich dennoch erste Gedanken des Menschenrechtsschutzes erkennen. Neben dem Hauptziel, der *„Förderung der Zusammenarbeit unter den Nationen und der Gewährleistung des internationalen Friedens und der internationalen Sicherheit"* (Opitz 2002, S.19), verpflichten sich die Mitglieder außerdem in Art.23 dazu

> *„angemessene und menschliche Arbeitsbedingungen für Männer, Frauen und Kinder zu schaffen und diese aufrechtzuerhalten, sowohl in ihren eigenen*

---

[1] Zur genaueren Begriffsdefinition von ‚Global Governance' und ‚internationales Regime' siehe auch Ausarbeitung des ersten Teils des Referats von Anja Reich

Gebieten, wie in allen Ländern, auf die sich ihrer Handels- und Gewerbebeziehungen erstrecken, unter diesem Zwecke die erforderlichen internationalen Stellen zu errichten und zu unterhalten" und „sie verbürgen der eingeborenen Bevölkerung in den ihre Verwaltung unterstellten Gebieten eine gerechte Behandlung"

Außerdem wurde während der Konferenz der Schutz der religiösen Freiheit heftig diskutiert, jedoch aufgrund von Unstimmigkeiten der Teilnehmer nicht in die Charta aufgenommen.

Mit Gründung der Vereinten Nationen (UN) im Jahre 1945 und der am 26. Juni desselben Jahres unterzeichneten Charta, wurde nun erstmals der Schutz von Menschenrechten fest verankert. So lässt sich bereits in der Präambel ein erster Hinweis für den Schutz der menschlichen Grundrechte finden:

„WIR, DIE VÖLKER DER VEREINTEN NATIONEN - FEST ENTSCHLOSSEN, [...],unseren Glauben an die Grundrechte des Menschen, an Würde und Wert der menschlichen Persönlichkeit, an die Gleichberechtigung von Mann und Frau sowie von allen Nationen, ob groß oder klein, erneut zu bekräftigen,[...]."

Konkreter wird dies noch in Art. 1:

„Die Vereinten Nationen setzen sich folgende Ziele:[...] eine internationale Zusammenarbeit herbeizuführen, um internationale Probleme wirtschaftlicher, sozialer, kultureller und humanitärer Art zu lösen und die Achtung vor den Menschenrechten und Grundfreiheiten für alle ohne Unterschied der Rasse, des Geschlechts, der Sprache oder der Religion zu fördern und zu festigen[...]."

Auch in Art. 55 wird dieser Gedanke noch einmal aufgegriffen:

„Um jenen Zustand der Stabilität und Wohlfahrt herbeizuführen, der erforderlich ist, damit zwischen den Nationen friedliche und freundschaftliche, auf der Achtung vor dem Grundsatz der Gleichberechtigung und Selbstbestimmung der Völker beruhende Beziehungen herrschen, fördern die Vereinten Nationen [...]die allgemeine Achtung und Verwirklichung der Menschenrechte und Grundfreiheiten für alle ohne Unterschied der Rasse, des Geschlechts, der Sprache oder der Religion."

Mit der Gründung der Menschenrechtskommission als ein Nebenorgan des UN- Wirtschafts- und Sozialrates im Jahr 1946, wurde nun erstmals ein Organ eingesetzt, welches es zur

Aufgabe hat die Einhaltung der Menschenrechte im Sinne der UN-Charta zu überwachen. Diese Kommission verabschiedete im Jahr 1948 die „Allgemeine Erklärung der Menschenrechte"(AEMR), die bis heute die Basis für den Schutz von Menschenrechten bildet. Neben der Präambel und den ersten beiden Artikeln, welche feststellen, dass alle Menschen frei und gleichberechtigt sowie alle aufgeführten Rechte allgemeingültig sind und somit das philosophische Fundament der folgenden 28 Artikel bilden (vgl. Opitz 2002, S. 66), lässt sich die AEMR grob in drei Gruppen unterteilen. Die erste Gruppe umfasst grundlegende Freiheitsrechte, wie z.b. das Recht auf Leben, Freiheit und persönliche Sicherheit (Art. 3) oder das Recht auf Gedanken-, Gewissens- und Religionsfreiheit (Art.18). Die zweite Gruppe enthält politische Rechte, wie z.b. das Recht auf Versammlungs- und Vereinigungsfreiheit zu friedlichen Zwecken (Art. 20). Die dritte Gruppe bezieht sich auf wirtschaftliche, soziale und kulturelle Rechte, wie z.b. das Recht auf Arbeit und freie Berufswahl (Art. 23) oder das Recht auf Bildung (Art. 26), auf welches im Verlauf dieser Arbeit noch genauer eingegangen wird. (vgl. Opitz, S. 67)

Die AEMR bildete den ersten Schritt, die in Art. 1 der UN-Charta formulierten Ziele zu fördern und zu festigen. Die Völkergemeinschaft hatte sich somit nochmals zu den Menschenrechten bekannt und eine Reihe von Rechten, für deren Schutz und Achtung sie sich einsetzen wolle, näher bestimmt. Der nächste Schritt war nun diese unverbindliche Erklärung in die Form eines völkerrechtlichen bindenden Vertrages zu übersetzen, welcher die einzelnen Rechte präzisierte und Vorkehrungen für die Überwachung ihrer Einhaltung enthielt. Allerdings dauerte es bis zum Jahre 1966, das mit dem Internationalen Pakt über wirtschaftliche, soziale und kulturelle Rechte (Sozialpakt/ IPwskR) und dem internationalen Pakt über bürgerliche und politische Rechte (Zivilpakt/ IPbpR) solch bindende Verträge in Kraft traten. Diese beiden Verträge sind bis heute gültig und sollen in dieser Arbeit als Beispiele für viele weitere vergleichbare Abkommen dienen, die aus der AEMR hervorgegangen sind. Wie die AEMR lassen sich auch diese beiden Kontrakte in Teile untergliedern. Wie in ihrem Vorbild dienen die Präambel und die ersten Artikel der Manifestierung der folgenden Rechte. Der Sozialpakt lässt sich wie folgt in vier weitere Teile einteilen. Die erste Gruppe umfasst wirtschaftliche Rechte, wie z.B. das Recht auf Arbeit (Art. 6). In der zweiten Gruppe finden sich soziale Rechte, wie z.B. das Recht auf soziale Sicherheit (Art. 9) sowie das Recht auf das für jeden erreichbare Höchstmaß an körperlicher und geistiger Gesundheit (Art.12). Für die dritte Gruppe der kulturellen Rechte, soll hier wieder das Recht auf Bildung (Art. 13-14) als Beispiel dienen. Im vierten Teil (Art. 16-25) werden Verfahren der internationalen Kontrolle der Vertragserfüllung und die Durchführungsorgane definiert. (vgl. Opitz 2002, S.68f) Im Zivilpakt sind fünf weitere Teile ersichtlich. Die erste Gruppe bilden Rechte, die unmittelbar dem Schutz der Individualsphäre, wie z.b. das Recht auf Leben (Art. 6), dienen. In der zweiten Gruppe wird auf die Stellung des Menschen in der Gesellschaft eingegangen. Die dritte Gruppe enthält politische Rechte, wie z.b. das aktive und passive Wahlrecht (Art. 25) sowie die Gleichheit vor dem Gesetz (Art. 26). In der vierten Gruppe sind Rechte sozialer Gruppierungen wieder zu finden, wie z.b. die kulturellen, religiösen und sprachlichen Rechte von Minderheiten (Art.27). Der letzte Teil des Zivilpaktes enthält, wie der Sozialpakt, Durchführungsorgane und Kontrollverfahren. (vgl. Opitz, S. 69ff)

Im Rahmen der UN-Reform im Jahre 2006 wurde die Menschenrechtskommission in UN-Menschenrechtsrat umbenannt. Während die Aufgaben dieser Kommission nahezu gleich geblieben sind, ist der Menschenrechtsrat seit 2006 ein direktes Nebenorgan der UN-Generalversammlung. Auf die aktuelle Struktur und die soeben genannten Kontrollverfahren und Durchführungsorgane soll nun im nächsten Abschnitt genauer eingegangen werden.

2.2 Strukturen und Organe des UN-Menschenrechtsschutzes

Für den Schutz der Menschenrechte im komplexen System der Vereinten Nationen ist eine Reihe von Organen zu unterscheiden. In erster Linie sind hier der zuvor erwähnte Menschenrechtsrat und das Hochkommissariat für Menschenrechte (UNHCHR) zu nennen. Während der Menschenrechtsrat der Generalversammlung untergeordnet ist, lässt sich das UNHCHR dem UN-Sekretariat zuordnen und ist somit ein Nebenorgan des Generalsekretärs. Neben diesen beiden politischen und administrativen Organen ist außerdem eine Vielzahl an Vertragsorganen anzuführen. Diese Vertragsorgane sind Gremien von Experten, deren Aufgabe es ist, die Vertragsbestimmungen bestehender Menschenrechtsverträge, wie z.b. der Zivil- und Sozialpakt, zu überwachen. Welche Konventionen, Überprüfungsorgane und Verfahren dies sind, soll in Abbildung 1 veranschaulicht werden.

Mit jeder Konvention und deren Inkrafttreten wird ihr ein Überprüfungsorgan zugeordnet. Diese Kommissionen, wie z.b. der Menschrechtsausschuss für den Zivilpakt, sind nur mit der Überwachung dieses Vertrages betraut. Dies geschieht durch regelmäßige Berichte der Mitgliedsstaaten und deren Überprüfung. Diese jährlichen Staatenberichte sind durch die jeweiligen Artikel für die Staaten verpflichtend. Neben diesen konventionellen Mechanismen stehen dem Menschenrechtsrat noch eine Reihe anderer Instrumente zur Verfügung, welche im späteren Verlauf noch erläutert werden.

Übereinkommen	Überwachungsorgan	Berichts-verfahren	Beschwerdeverfahren	
			Staatenbeschwer-deverfahren	Individualbeschwer-deverfahren
Internationaler Pakt über wirtschaftliche, soziale und kulturelle Rechte von 1966	Sozialausschuss (CESCR)	Art. 16		Fakultativ Fakultativprotokoll von 2008 (noch nicht in Kraft getreten)
Internationaler Pakt über bürgerliche und politische Rechte von 1966	Menschenrechtsaus-schuss (CCPR) Art. 28 ff.	Art. 40	Fakultativ Art. 41	Fakultativ Fakultativprotokoll von 1966
Übereinkommen zur Beseitigung jeder Form von Rassendiskrimi-nierung von 1965	Ausschuss gegen Rassendiskriminierung (CERD) Art. 8 ff.	Art. 9	Obligatorisch Art. 11	Fakultativ Art. 14
Übereinkommen zur Beseitigung jeder Form von Diskriminierung der Frau von 1979	Ausschuss gegen Frauendiskriminierung (CEDAW) Art. 17 ff.	Art. 18		Fakultativ Fakultativprotokoll von 1999
Übereinkommen gegen Folter und andere grausame und unmenschliche oder erniedrigender Behandlung oder Strafe von 1984	Ausschuss gegen Folter (CAT) Art. 17 ff.	Art. 19	Fakultativ Art. 21	Fakultativ Art. 22
Übereinkommen über die Rechte des Kindes von 1989	Ausschuss für die Rechte des Kindes (CRC)	Art. 44	–	–
Übereinkommen zum Schutz der Rechte aller Wanderarbeitnehmer und ihrer Familienan-gehörigen von 1990	Ausschuss für die Rechte der Wanderarbeitnehmer und ihrer Familienangehörigen (CMW) Art. 72	Art. 73	Fakultativ Art. 76	Fakultativ Art. 77
Übereinkommen über die Rechte von Men-schen mit Behinde-rungen von 2006	Ausschuss für die Rechte von Menschen mit Behinderungen (CRPD) Art. 34	Art. 35	–	Fakultativ Fakultativprotokoll von 2006

Abbildung 1: Menschenrechtskonventionen und ihre Überwachungsorgane[2]

Der Menschenrechtsrat hat seinen Sitz in Genf und besteht aus 47 Staatsvertretern. Die Mitgliedstaaten werden durch die UN-Vollversammlung in einer geheimen Wahl mit absoluter Mehrheit bestimmt. Die Staatensitze im Menschenrechtsrat sind nach dem in der UN vorherrschenden Regionalprinzip aufgeteilt. Aus Afrika und Asien gehören jeweils 13 Staaten dem Menschenrechtsrat an, aus Lateinamerika und der Karibik 8, aus dem westlichen Europa, den USA und Kanada 7 sowie aus Osteuropa 6 Staaten. Die Wahlperiode für die Staatensitze und das Präsidium beträgt drei Jahre. Der Rat tritt als ständiges Organ jährlich drei bis vier Mal für insgesamt mindestens zehn Wochen zusammen. Der Wahlmodus wurde

---

[2] http://www.humanrights.ch/home/upload/pdf/090825_Durchsetzungsmechanismen.pdf, 05.03.2010

im Menschenrechtsrat gegenüber der Menschenrechtskommission modifiziert. Dazu wurde ein Verfahren geschaffen, in welchem sich die Mitgliedsländer gegenseitig periodisch überprüfen. So will man erreichen, dass Ländern mit massiven Menschenrechtsverletzungen ein Sitz im Menschenrechtsrat verwehrt wird. Von den Staaten, die für einen Sitz kandidieren, wird die freiwillige Zusicherung erwartet, dass sie die Menschenrechte einhalten. Den ursprünglich geplanten Nachweis einer speziellen Qualifizierung in Menschenrechtsfragen als Bedingung an eine Kandidatur zu knüpfen, fand in den vorbereitenden UN-Gremien keine Mehrheit. Gemäß der Gründungsresolution 60/251 des Menschenrechtsrats muss die Arbeit von den *„Grundsätzen der Universalität, der Unparteilichkeit, der Objektivität und der Nichtselektivität, eines konstruktiven internationalen Dialogs und der konstruktiven internationalen Zusammenarbeit geleitet sein"*. Ziel des Menschenrechtsrats und der Vertragsorgane ist der Schutz von völkerrechtlich verbindlichen Menschenrechten, doch kristallisieren sich für den Menschenrechtsrats gesonderte wichtige Funktionen heraus.

Die Hauptaufgaben des Menschenrechtsrats sind (vgl. humanrights.ch):

• Schutz von Opfern von Menschenrechtsverletzungen

• Förderung des Schutzes der Menschenrechte

• Entwicklung von Konzepten und Politiken

• Standartsetting

• Verhütung von Menschenrechtsverletzungen

• Mainstreaming der Menschenrechtsarbeit der UNO

• Weiterverfolgung und Umsetzung

Wie bereits erwähnt, stehen dem Menschenrechtsrat für seine Arbeit eine Reihe spezieller Mittel zur Überwachung und zum Schutz der vereinbarten Menschenrechte zur Verfügung. Neben den von den Vertragsorganen überprüften Staatenberichten und der periodischen Überprüfung im Rahmen der Wahl und Mitgliedschaft im Menschenrechtsrat, besteht zusätzlich die Möglichkeit einer Individual- oder Staatenbeschwerde, welche eingereicht werden kann und dann durch eine vom Menschenrechtsrat eingesetzte Arbeitsgruppe geprüft wird. Das Ziel der Beschwerdeverfahren ist die Identifizierung und Eindämmung von Menschenrechtsverletzungen bei Anzeichen von regelmäßigen und systematischen Mustern von Verletzungen der Menschenrechte in einem Staat oder in Einzelfällen beim Individualbeschwerdeverfahren. (vgl. humanrights.ch)

Ein weiteres Instrument sind die UN-Sonderberichterstatter. Die Mandate sind entweder länderspezifisch oder thematisch. Alle Mandatsträger müssen den Menschenrechtsrat jährlich über ihre Arbeit informieren. Bei Anfrage der UN-Generalversammlung müssen sie dieser ihre Untersuchungsergebnisse vorlegen. Aufgabe der Sonderberichterstatter ist die regelmäßige Beobachtung der ihnen zugeteilten Menschenrechtssituation. Sie führen dazu Ländermissionen durch, verfassen Studien und bieten den jeweiligen Staaten Beratung und Hilfe an. Ländermandate erfolgen in folgenden Staaten: Myanmar, Kambodscha, Burundi, Haiti, dem Sudan, Somalia, Nordkorea und den besetzen palästinensischen Gebieten. Die Mandate sind bei fast allen Ländern zeitlich unbeschränkt. (vgl. humanrights.ch)

Die thematischen Mandate beschäftigen sich mit der weltweiten Umsetzung einzelner Rechte, dem weltweiten Schutz bestimmter Opfer von Menschenrechtsverletzungen oder einem spezifischen Problem. Gegenwärtig werden dreißig thematische Mandate behandelt. Sie behandeln Themen wie außergerichtliche Hinrichtungen oder Folter, Religionsfreiheit, Minderheitenrechte, moderne Formen der Sklaverei, den Zugang zu Trinkwasser oder auch das Recht auf Bildung. (vgl. humanrights.ch)

Um die Arbeit dieser Sonderberichterstatter an einem Beispiel zu beschreiben, soll im nächsten Kapitel Herr Vernor Muñoz Villalobos, der das Mandat des Sonderberichterstatters für das Recht auf Bildung innehat, dienen.

3 Sonderberichterstatter für das Recht auf Bildung

Das Recht auf Bildung wurde erstmals in Artikel 26 der AEMR formuliert:

> *„(1) Jeder Mensch hat das Recht auf Bildung. Der Unterricht muss wenigstens in der Elementar- und Grundschule unentgeltlich sein. Der Elementarunterricht ist obligatorisch. Fachlicher und beruflicher Unterricht soll allgemein zugänglich sein; die höheren Studien sollen alle nach Maßgaben ihrer Fähigkeiten und Leistung in gleicher Weise offen stehen.*

> *(2) Die Ausbildung soll die volle Entfaltung der menschlichen Persönlichkeit und die Stärkung der Achtung der Menschenrechte und Grundfreiheiten zum Ziel haben. Sie soll Verständnis, Toleranz und Freundschaft zwischen allen Völkern und allen ethnischen oder religiösen Gruppen fördern und die Tätigkeit der Vereinten Nationen zur Aufrechterhaltung des Friedens begünstigen.*

(3) In erster Linie haben die Eltern das Recht, die Art der ihren Kindern zuteil werdenden Bildung zu bestimmen. "

Mit Artikel 13 des Sozialpaktes wurde dieses Recht weiter fundamentiert. Er bekräftigt noch einmal die Unentgeltlichkeit für die Elementar- und Grundschule und wird durch das Recht auf den Zugang zum höheren Schulwesen und Hochschulen gleichermaßen und für jedermann, sowie das Recht auf die Unentgeltlichkeit des Studiums erweitert. Durch den Sozialpakt wird das Recht auf Bildung als ein für alle Staaten verbindliches Menschenrecht anerkannt.

„Die Vertragsstaaten erkennen das Recht eines jeden auf Bildung an. Sie stimmen überein, dass die Bildung auf die volle Entfaltung der menschlichen Persönlichkeit und des Bewusstseins ihrer Würde gerichtet sein und die Achtung vor den Menschenrechten und Grundfreiheiten stärken muss. Sie stimmen ferner überein, dass die Bildung es jedermann ermöglichen muss, eine nützliche Rolle in einer freien Gesellschaft zu spielen, dass sie Verständnis, Toleranz und Freundschaft unter allen Völkern und allen rassischen, ethnischen und religiösen Gruppen fördern sowie die Tätigkeit der Vereinten Nationen zur Erhaltung des Friedens unterstützen muss. "(Art. 13 I Sozialpakt)

Das Recht auf Bildung kann als ein Schlüssel zur Verwirklichung anderer Menschenrechte gesehen werden. Nur durch Bildung können Fähigkeiten erlangt werden, sich für eigene Rechte einzusetzen und sich für grundlegende Rechte anderer zu engagieren. (vgl. Lohrenscheit 2007, S.39f)

Seit 1998 wird das Recht auf Bildung auf Grundlage der Resolution 1998/33 durch einen Sonderberichterstatter überwacht. Wesentliche Aufgabe ist die

„Berichterstattung über die progressive Realisierung des Rechts auf Bildung, inklusive des Zugangs zur Primärbildung sowie über Schwierigkeiten bei der Implementierung dieses Rechts [...] " und die *„angemessene Förderung der Unterstützung der Regierung bei der Ausarbeitung und Umsetzung von Aktionsplänen zur progressiven Umsetzung und Implementierung einer verpflichtenden und unentgeltlichen Grundschulbildung [...] "*. (Lohrenscheit 2007, S. 37)

Durch sein Mandat ist der Sonderberichterstatter dazu berechtigt, Länderbesuche zu unternehmen und dem Menschenrechtsrat thematische Jahresberichte vorzulegen sowie

Individualbeschwerden nachzugehen. (vgl. Lohrenscheit 2007, S. 37) Besonders bei den thematischen Jahresberichten lassen sich vier Strukturelemente erkennen, welche als Indikatoren für die Umsetzung des Rechts auf Bildung beschrieben werden können:

♦ Verfügbarkeit

♦ Adaptierbarkeit

♦ Zugänglichkeit

♦ Akzeptierbarkeit

Damit Bildung verfügbar ist, sind funktionierende Bildungseinrichtungen und -programme notwendig. Diese müssen sich an die ständig wandelnden Erfordernisse der Gesellschaft anpassen können und somit adaptierbar sein. Außerdem muss Bildung ohne eine Überschneidung zugänglich sein und unter dem Prinzip der ‚Nicht-Diskriminierung' umgesetzt werden sowie in ihren Zielen und Inhalten dem kulturellen, wirtschaftlichen und sozialen Rahmen des jeweiligen Landes angepasst sein. (vgl. Lohrenscheit, S. 42-48)

Im Rahmen der soeben beschriebenen Länderbesuche und als eine Reaktion auf die Ergebnisse der PISA-Studie wurde auch Deutschland Ziel einer Reise von Herrn Muñoz. Wie dieser die Situation im deutschen Bildungssystem bewertet hat, soll im nächsten Kapitel erläutert werden.

3.1 Deutschlandbesuch des Sonderberichterstatters für das Recht auf Bildung

Sonderberichterstatter Vernor Muñoz Villalobos hatte seinen Besuch erstmalig im Mai 2005 gegenüber der Ständigen Vertretung der Bundesrepublik Deutschland bei den Vereinten Nationen in Genf angekündigt. Während seines neuntägigen Deutschlandaufenthalts vom 13.02-21.02.2010 besuchte er insgesamt 36 verschiedene Institutionen. Er führte Gespräche mit Vertretern von Bund und Ländern, Bundestagsabgeordneten, Wissenschaftlern, Verbänden und Nichtregierungsorganisationen. In einem ersten Rundtischgespräch, an dem Bundes- und Ländervertreter beteiligt waren, wurden insbesondere die Bildungsreform und der Bildungsföderalismus angesprochen, aber auch die unterrichtliche und schulische Umsetzung der Menschenrechtsbildung in den Schulen der Länder. Außerdem sprach der Sonderberichterstatter mit der Kultusministerkonferenz über die Bildungsreformen nach den Erkenntnissen der PISA-Studie. Besonderen Wert legte der Sonderberichterstatter auf

Schulbesuche. Er besuchte insgesamt 11 Schulen in Berlin, Potsdam, München, Bonn und Köln. Dabei machte er mehrfach von der Gelegenheit Gebrauch, persönliche Gespräche mit Schülern, Lehrern und Elternvertretern zu führen. Abweichend vom geplanten Programm suchte Herr Muñoz in Potsdam, München und Berlin auch Schulen auf, die nicht auf dem Besuchsprogramm standen. Pressevertreter behaupteten sowohl in Potsdam als auch in München, dass er nur Vorzeigeobjekte zu sehen bekäme und erwähnten Schulen in der Nähe, die angeblich die Realität zeigten. (vgl. Böger 2006, S. 1f)

Im Abschlussbericht seiner Reise stelle Muñoz folgendes fest:

- Die föderale Struktur in Deutschland und Vielschichtigkeit des Bildungssystems verhindert eine einheitliche Qualität der Bildung.
- Eine mangelnde Chancengleichheit besonders für Migranten und Behinderte.
- Eine zu starke Abhängigkeit des Bildungserfolges vom Einkommen der Eltern.
- Die Aufteilung der Schüler auf weiterführende Schulen geschieht zu früh, was zusätzlich zu einer Ausgrenzung schwächerer Schüler führt.
- Kritik an der Kostenpflicht für Kindergartenplätze.

Neben diesen, teilweise doch massiven, Kritikpunkten lobte Muñoz aber auch die hohen Einschulungsquoten und das flächendeckende öffentliche Bildungswesen. Auf Grundlage seiner Erkenntnisse sprach Muñoz Empfehlungen aus:

- Das mehrgliedrige Schulsystem solle überdacht werden.
- Die Aufteilung auf weiterführende Schulen solle zu einem späteren Zeitpunkt erfolgen.
- Eine kostenfreie Vorschulerziehung.
- Die Aufnahme des Rechts auf Bildung ins Grundgesetz.
- Die Aufnahme der Menschenrechte in Lehrpläne und die Ausbildung von Pädagogen/Innen.
- Eine stärkere Einbindung von Eltern und Schülern in Entscheidungsprozesse.
- Eine besondere Aufmerksamkeit bei der Förderung von Migranten und Behinderten.

4 Schlussbetrachtung

Die Bedeutung der Menschenrechte, besonders die Relevanz des Rechts auf Bildung ist allgegenwärtig. Es lässt sich feststellen, dass die Vereinten Nationen durch regelmäßige Staatenberichte sowie die thematischen Berichte der Sonderberichterstatter und Beschwerdeverfahren ein komplexes System zur Überwachung von Menschenrechten entwickelt haben. Besonders das Instrument der Sonderberichterstatter unterstreicht noch einmal die Wichtigkeit bestimmter Menschenrechte wie das Recht auf Bildung. Das Beispiel vom Besuch des Sonderberichterstatters für das Recht auf Bildung in Deutschland hat gezeigt, unter welchen Prämissen deren Arbeit steht. Es wurde auch deutlich, dass selbst in hoch entwickelten und industrialisierten Staaten wie Deutschland Missstände im Bildungswesen herrschen. Nach den Beobachtungen von Herrn Muñoz sind besonders Kinder von Migranten oder einkommensschwacher Eltern im deutschen Bildungssystem benachteiligt. Trotz intensiver Bemühungen und einer Reihe von Schlussfolgerungen und Empfehlungen bleibt allerdings fraglich, inwiefern diese auch umgesetzt werden, da hierzu keine Verpflichtung besteht. So sind z.B. auch eine Stellungnahme der Bundesregierung zum Bericht des Besuches und konkrete Maßnahmen zur Beseitigung der beschriebenen Probleme bis heute ausgeblieben.

Abschließend bleibt festzuhalten, dass der Menschenrechtsschutz im System der Vereinten Nationen effektiver und effizienter wäre, wenn die Mitgliedstaaten eine noch größere Kooperationsbereitschaft zeigen würden. Unter Umständen müsse diese auch unter der Androhung von Sanktionen ‚erzwungen‘ werden. Besonders in einer Zeit von Globalisierung und Individualisierung und einer immer weiter anwachsenden erkennbaren Ungleichheit sollte der Schutz der Menschenrechte oberste Priorität haben.

Literaturverzeichnis

♦ BÖGER, K. (2006): Deutschlandbesuch des UN-Sonderberichterstatterszum Recht auf Bildung, Vernor Muñoz Villalobos, 13.-21.02.2006, In: Overwien, B./Prengel, A. (Hrsg.) (2007): Recht auf Bildung: Zum Besuch des Sonderberichterstatters der Vereinten Nationen in Deutschland, Dokumente, Opladen & Farmington Hills, S.16-20

♦ INFORMATIONSPLATTFORM HUMANRIGHTS.CH (2010): [http://www.humanrights.ch/home/de/Instrumente/idcatart_32-content.html, 15.03.2010]

♦ LEAGUE OF NATIONS (1919): Friedensvertrag von Versailles/Völkerbundsatzung vom 28. Juni 1919, [http://www.documentarchiv.de/wr/vv01.html, 15.03.2010]

♦ LOHRENSCHEIT, C. (2007): Die UN-Sonderberichterstattung zum Recht auf Bildung und ihre Grundlegung durch Katarina Tomasevski, In: OVERWIEN, B./PRENGEL, A. (HRSG.) (2007): Recht auf Bildung: Zum Besuch des Sonderberichterstatters der Vereinten Nationen in Deutschland, Opladen & Farmington Hills, S. 34-51

♦ OPITZ, P. (2002): Menschenrechte und Internationaler Menschenrechtsschutz: Geschichte und Dokumente, München

♦ OVERWIEN, B./PRENGEL, A. (HRSG.) (2007): Recht auf Bildung: Zum Besuch des Sonderberichterstatters der Vereinten Nationen in Deutschland, Opladen & Farmington Hills

♦ UNITED NATIONS (1945): Charta der Vereinten Nationen vom 26. Juni 1945, Fassung vom 20.12.1965 mit allen Änderungen, In: UNSER, G. (2004): Die UNO: Aufgaben und Strukturen der Vereinten Nationen, 7.neubearbeitete und erweiterte Auflage, München, S. 407-436

♦ UNITED NATIONS (1948): Allgemeine Erklärung der Menschenrechte vom 10. Dezember 1948 in englischer Sprache, In: OPITZ, P. (2002): Menschenrechte und Internationaler Menschenrechtsschutz: Geschichte und Dokumente, München, S. 266-272, dt. Übersetzung: Menschenrechte. Dokumente und Deklarationen, hrsg. von der Bundeszentrale für politische Bildung, Bonn 1999, S. 52-59

♦   UNITED NATIONS (1966): Internationaler Pakt über bürgerliche und politische Rechte vom 16. Dezember 1966 in englischer Sprache, In: OPITZ, P. (2002): Menschenrechte und Internationaler Menschenrechtsschutz: Geschichte und Dokumente, München, S. 272-287, dt. Übersetzung: Menschenrechte. Dokumente und Deklarationen, hrsg. von der Bundeszentrale für politische Bildung, Bonn 1999, S. 91-94

♦   UNITED NATIONS (1966): Internationaler Pakt über wirtschaftliche, soziale und kulturelle Rechte vom 16.Dezember 1966 in englischer Sprache, In: OPITZ, P. (2002): Menschenrechte und Internationaler Menschenrechtsschutz: Geschichte und Dokumente, München, S.293-302, dt. Übersetzung: Menschenrechte. Dokumente und Deklarationen, hrsg. von der Bundeszentrale für politische Bildung, Bonn 1999, S. 59-70

♦   UNITED NATIONS (2007): Umsetzung der UN-Resolution 60/251 „Rat für Menschenrechte" vom 15. März 2006, Bericht des Sonderberichterstatters für das Recht auf Bildung, Vernor Munoz, Abbendum, Deutschlandbesuch, Arbeitsübersetzung vom 09. März 2007 [www.netzwerk-bildungsfreiheit.de/pdf/Mission_on_Germany_DE.pdf, 15.03.2010]

♦   UNSER, G. (2004): Die UNO: Aufgaben und Strukturen der Vereinten Nationen, 7. neubearbeitete und erweiterte Auflage, München